AF588742

LETTRE

A M.***

SUR L'IMPUTATION FAITE

A M. COLBERT

D'AVOIR INTERDIT LA LIBERTÉ

DU COMMERCE DES GRAINS.

A PARIS,

Chez PANCKOUKCKE, Libraire, rue & à côté de la Comédie Françoise.

M. DCC. LXIII.

LETTRE

A M.***

SUR L'IMPUTATION faite à M. Colbert d'avoir interdit la liberté du Commerce des grains.

VOUS vous ſouvenez ſans doute, Monſieur, que raiſonnant enſemble il y a près d'un an, ſur quelques branches du Commerce, nous gémiſſions des difficultés qu'a éprouvées en France depuis un ſiècle *l'exportation des grains*. Rempli alors d'un préjugé dont j'ai honte d'avoir été l'eſclave plus de 30 ans ſur la parole de mon pere, je vous marquai le plus grand étonnement de ce qu'un génie, d'ailleurs auſſi commerçant que l'étoit M. Colbert, eût grévé le commerce des grains d'une interdiction de liberté qui a été, ſinon l'unique, du moins la principale cauſe du peu de progrès qu'a fait le Commerce de France juſqu'à nos jours.

J'étois dans l'erreur. C'eſt à vous, Monſieur, que je dois la vérité ſur cet objet bien important du regne de Louis le Grand. Vous me répondites que j'avois bien raiſon; mais vous parutes ſoupçonner *que cette interdiction n'étoit que pour un temps & avoit été forcée par quelque diſette*, ne pouvant concevoir non plus que, moi que M. Colbert eût fait une faute aussi grave qu'une interdiction illimitée en ce genre. Je saisis votre soupçon avec transport; je vous promis d'approfondir ce point d'histoire.

Vous sçavez, Monsieur, les raisons qui m'ont empêché pendant neuf mois de faire toutes les recherches que j'aurois désirées. Dès que je l'ai pu, je m'y suis livré; & quoiqu'il m'ait été impossible de me procurer tout ce que je souhaiterois à cet égard, il y a près d'un mois que j'eus l'honneur de vous dire que j'en avois déja plus qu'il ne m'en falloit (& je n'avois pas encore tout ce que j'ai) pour croire que M. Colbert avoit toujours été très-éloigné de *faire ordonner l'inter-*

diction de la liberté du commerce des grains, & encore plus de penſer, comme on croit qu'il l'a penſé, que *cette interdiction étoit néceſſaire au bien des Manufactures.*

Je faiſois mes recherches en ſilence, & je comptois travailler de même, avec tout le ſoin dont je ſuis capable, ce petit morceau d'hiſtoire, lorſque j'aurois ramaſſé toutes les pièces que je déſire à ce ſujet. Mais doit-on attendre & ſe taire ſur une vérité attaquée avec autant d'éclat que l'eſt aujourd'hui celle dont je vous rends compte ?

Pluſieurs Ecrivains modernes avoient déja flétri la mémoire de M. Colbert à ce ſujet ; tous ſans doute ne l'ont fait que ſur un préjugé qui nous a été transſmis, dont il eſt bien difficile de connoître la ſource, puiſque des gens même qui avoient vu M. Colbert en étoient imbus. Néanmoins aucun ne l'a attaqué d'une manière ſi forte & ſi décidée, que M. *Thomas* dans ſon *Eloge de M. le Duc de Sully*, qui vient de remporter le prix de l'Académie Françoiſe.

Ne faiſons pas un crime de cette imputation à M. *Thomas*. Il ne l'a faite qu'en Citoyen, avec un courage & des vues qui méritent toute la reconnoiſſance de ſes Compatriotes. Blâmons encore moins l'*Académie Françoiſe* d'avoir couronné cette erreur : *Jure creditur, quod communiter creditur.* L'opinion publique ſur cela eſt tellement répandue , tellement accréditée, qu'il n'a pu venir dans l'eſprit de M. *Thomas* , ni d'aucun *Académicien* , qu'il dût être utile de former le moindre doute à ce ſujet.

Cependant la réputation de M. *Thomas* , ſon ſtyle qui ſubjugue , ſon triomphe, tout eſt fait pour ſéduire & perpétuer l'erreur. Heureuſement il eſt trop ami de la vérité pour ne pas voir avec plaiſir des efforts qui tendent à la faire connoître , & à détromper la Patrie. Il n'eſt aucun Membre de l'Académie qui n'adopte ces généreux ſentimens.

J'ai vu , Monſieur , avec la plus grande ſatisfaction dans *le Conſolateur*,* des efforts, non pour

* Ouvrage eſtimable de M. le Baron de S. Supplix.

justifier , mais pour excuser M. Colbert. Qu'il est fâcheux que l'Auteur n'ait pas suivi la même route que j'ai prise pour m'instruire ! Il se seroit bien mieux acquitté que je ne puis le faire , d'un devoir qu'attendent depuis si longtems les mânes de ce grand Ministre.

Depuis Charlemagne jusqu'à la fin du regne de Charles V. je ne trouve rien qui n'invite à porter les bleds hors du Royaume. La première interdiction de cette liberté est sous Charles VI en 1398. La défense de sortir les bleds du Royaume , parce que la récolte avoit été mauvaise, est du 14 Août ; mais en même-temps *la liberté du Commerce des bleds de Province à autre est con-*

servée & recommandée. Le 27 Septembre suivant on révoqua la défense de porter à l'Etranger, en faveur du Languedoc qui avoit eu une bonne récolte.

Il seroit trop long d'examiner ce qui se passa sous chaque regne; je me contenterai de vous dire, Monsieur, que François I, par Edit du 20 Juin 1539, donna *la liberté indéfinie* du Commerce de bled. On voit dans ce sage Edit les raisons très-détaillées qui établissent la nécessité de ce Commerce.

La seconde interdiction de liberté à l'égard du Commerce des bleds, est sous Charles IX. Une disette considérable engagea ce Prince en 1567 (en ordonnant formellement le transport de

Province à Province) de ſupprimer la liberté de l'exportation, qui, en 1571, ſous le même regne, fut ſeulement aſſujettie à des règles, ou plutôt à des gênes. Ces derniers principes furent ſuivis ſous Henri III.

Les Mémoires de Sully nous apprennent aſſez quels ſont ceux qui le furent ſous le regne glorieux & bienfaiſant de Henri IV.

Louis XIII donna en 1631, à Vendeuvre, le dernier Septembre, une Déclaration qui défend, *ſous peine de punition corporelle*, de ſortir des bleds & grains du Royaume, avec permiſſion néanmoins pour le bien des Sujets de *les tranſporter de Province à autre*; c'eſt tout ce que j'ai pu me procurer de relatif à cette matière ſous ce règne,

Sous Louis XIV ſe trouve un Arrêt du Conſeil du 24 Janvier 1657, portant permiſſion générale à tous ſes Sujets de tranſporter les grains hors de ſon Royaume, & aux Etrangers d'y en venir enlever en toute liberté, en payant les Droits, Traites foraines & Domaniales ſeulement: cette permiſſion s'étend à pluſieurs Provinces nommées & *autres* de ce Royaume, » parce que, dit le » préambule, les Habitans de ces » Provinces étant contraints de » vendre le bled à vil prix, *n'ont » pas de quoi payer leurs tailles & » autres impoſitions ſur eux faites.* «

Cet Arrêt du Conſeil peut ſuggérer de grandes réflexions,

mais inutiles à présenter aujourd'hui.

Nous remarquerons seulement que la Déclaration du 30 Septembre 1631, paroît avoir fait la loi générale jusqu'à l'Ordonnance de 1687, mais que cette loi paroît avoir été abrogée, modifiée, ou rappellée par des Arrêts du Conseil, suivant les circonstances, pour ce qui regardoit l'extraction ou exportation des grains hors du Royaume ; car *la liberté de Province à Province* a toujours subsisté jusqu'à la Déclaration du dernier Août 1699.

Il paroît, Monsieur, que ce fut là le principe constamment suivi jusqu'à M. Colbert. Il paroît encore qu'il crut devoir l'adopter ; c'est ce que je vais tâcher d'éclaircir. Je ne sais si je parviendrai aussi facilement à vous convaincre que c'étoit le seul principe que la sagesse dût suivre dans ces temps-là.

M. Colbert fut placé à la tête des Finances immédiatement après la disgrace de M. Fouquet, arrêté le 5 Septembre 1661. C'étoit une année de disette, à ce qu'il paroît par le grand nombre d'Arrêts prohibitifs rendus par le Parlement en 1661 & 1662, notamment l'Arrêt du 19 Août 1661, qui défend *aux Marchands de contracter aucune société pour le commerce du bled, & de faire aucun amas de grains.* Cet Arrêt ne précéda l'installation de M. Colbert dans le ministère des Finances que de dix-sept ou dix-huit jours.

On a observé que M. Colbert

paſſoit pour le principal moteur de la diſgrace de M. Fouquet, qui avoit été Procureur-Général du Parlement. On a dit que par cette raiſon M. Colbert pouvoit ſoupçonner qu'il n'étoit point aimé de ce corps, qu'il le trouveroit peu diſpoſé à ſe prêter à des opérations tranchantes, abrogatoires des anciens Edits & Déclarations enregiſtrés, & que ce grand Miniſtre avoit trop de ſageſſe pour s'expoſer à des éclats qui auroient pû devenir un obſtacle à tout le bien qu'il ſe propoſoit de faire à la France. Mais de pareils motifs ſont trop humains, ne ſont point de l'eſprit de cet auguſte Corps, ni d'une ame auſſi forte & auſſi courageuſe que celle de M. Colbert.

S'il crut ne devoir étayer ſes opé-rations ſur le commerce des bleds que par des Arrêts du Conſeil, ce fut par d'autres motifs que je tâcherai de développer dans la ſuite, & qui pourront convaincre que ce grand Homme avoit une façon de penſer fort différente de celle qu'on lui ſuppoſe ſur le com-merce des grains, relativement aux Manufactures.

Il eſt eſſentiel de remarquer ici que, malgré la diſette conſidé-rable, M. Colbert ne fit donner aucuns Edits, Déclarations ni Lettres-Patentes prohibitives ſur le Commerce des bleds & autres grains en 1661 & 1662, quoi-qu'on pût être aſſuré de la plus grande facilité pour l'enregiſtre-ment. Le ſeul Edit relatif à l'Agriculture qui ait été donné ſous l'époque entière de l'adminiſtration de M. Colbert, eſt celui du mois d'Avril 1667, dont je vais parler dans un moment. Mais je n'ai pu encore avoir aucun Arrêt du Conſeil antérieur à celui qui ſuit. La récolte de 1662 avoit ſans doute été abondante ; M. Colbert profita de la circonſtance, & fit rendre l'Arrêt du Conſeil du 4 Novembre même an, qui ordonne qu'au lieu de *quarante-huit ſols obole* qui ſe payent pour les droits de ſortie de Picardie ſur chaque ſeptier de bled, il ſera ſeulement payé *vingt-quatre ſols* pour chaque ſeptier de bled, meſure de Paris, du poids de deux cens trente livres de marc, qui ſortira des Pays & Comtés d'Artois, pour être transportés ès Pays Etrangers.

Du 4 Novembre 1662 jusqu'au mois d'Avril 1667, je n'ai pu me procurer aucun Arrêt du Conseil, quelques recherches que j'aye faites chez *Prault* & chez *Girard* Libraires. Il faut, pour s'assurer de leur existence, avoir recours au dépôt du Louvre, ou à ceux des Sécretaires d'Etat; cela n'est pas sans quelque difficulté, indépendamment du temps à consacrer à cette recherche.

Enfin, Monsieur, j'ai sous les yeux l'Edit dont je viens de vous parler, donné à Saint Germain en Laye au mois d'Avril 1667, portant pouvoir aux Communautés de rentrer dans leurs usages, avec défenses de saisir les bestiaux, *parce que*, dit le Préambule, *ces communes qui avoient été concédées, par forme d'ôtage seulement, pour demeurer inséparablement attachées aux habitations des lieux, pour donner moyen aux Habitans de nourrir des bestiaux & de fertiliser leurs terres par des engrais, & plusieurs autres usages en ayant été aliénées, les Habitans ayant été privés des moyens de faire subsister leurs familles, ont été forcés d'abandonner leurs maisons, & par cet abandonnement les bestiaux ont péri, les terres sont demeurées incultes, les Manufactures & le commerce en ont souffert, & le Public en a reçu des préjudices très-considérables..... & d'autant qu'il seroit impossible de rétablir la culture des terres & de les amélio-*

rer par les engrais, en laiſſant les beſtiaux ſujets aux ſaiſies de tous les créanciers particuliers ſans diſtinction, qu'en les exemptant pour un temps des exécutions, &c.

Cet Edit eſt très-remarquable. Il fait voir 1°. tout le cas que M. Colbert faiſoit de l'Agriculture, toute la valeur qu'il y attachoit. 2°. Qu'un génie, perſuadé *que les ſaiſies & exécutions ſur les beſtiaux s'oppoſoient au rétabliſſement de la culture des terres, faiſoient ſouffrir les Manufactures & le Commerce, & cauſoient au Public des préjudices conſidérables*, étoit bien éloigné de gréver la culture des terres par une interdiction qui avoit tous ces inconvéniens à un dégré infiniment ſupérieur, & encore plus de penſer qu'une pareille interdiction fût utile aux Manufactures. Tout ce qui va suivre démontre que cette supposition n'est point gratuite.

Du mois d'Avril 1667 jusqu'au 20 Mai 1669, je suis dans le cas de la précédente époque; mais du 20 Mai 1669 jusqu'à la mort de M. Colbert, les Arrêts du Conseil qui me manquent peuvent se suppléer par ceux qui les précédent ou qui les suivent.

Arrêt du Conseil du 20 Mai 1669, qui permet à tous les Sujets de Sa Majesté de faire sortir, vendre & transporter leurs bleds & autres grains en quelques Royaumes, Etats & Provinces qu'ils aviseront bon être jusqu'au premier Octobre suivant, *sans payer aucuns droits de sortie*, rendu ſur ce que le Roi avoit été informé de l'abondance des bleds & autres grains.

Arrêt du Conſeil du 20 Septembre 1669, qui accorde à dix Provinces dénommées de continuer à ſortir leurs bleds & autres grains à l'Etranger, *ſans payer aucuns droits*, juſqu'au dernier Mars 1670, afin de communiquer aux Etrangers l'abondance du Royaume.

Arrêt du Conſeil du 18 Mars 1670, en faveur des mêmes Provinces, y ajoûtant la Province d'Auvergne, pour tranſporter à l'Etranger tous les bleds & grains juſques au premier Septembre ſuivant, *ſans payer aucuns droits*.

Arrêt du Conſeil du dernier Août 1670, pour permettre aux

mêmes Provinces de porter les bleds à l'Etranger, *ſans payer aucuns droits*, juſques au premier Mars ſuivant.

Arrêt du Conſeil du 4 Octobre 1670, en interprétation du précédent, ſur ce que les Marchands du Royaume & les Etrangers vouloient étendre l'exemption deſdits droits ſur les pois, féves, veſces, lentilles, millet, même ſur les avoines & ſarazins, contre l'intention du Roi, qui ordonne qu'il ſera exécuté ſur les bleds, méteils, ſeigles & orges ſeulement.

Arrêt du Conſeil du dernier Février 1671, qui permet aux mêmes Provinces que ci-deſſus la ſortie des bleds, méteils, ſeigles & orges, pour être tranſportés à l'Etranger *ſans payer aucuns droits de ſortie*, juſqu'au dernier Mai ſuivant.

Arrêt du Conſeil du dernier Mai 1671, en faveur des mêmes Provinces pour le même objet, *ſans payer aucuns droits*, juſqu'au premier Janvier 1672.

Arrêt du Conſeil du dernier Décembre 1671, en faveur des mêmes Provinces, par lequel le Roi déclare ne pouvoir, par des conſidérations qui regardent le bien de ſes affaires & du Public, continuer à l'avenir l'entière franchiſe des grains; Sa Majeſté permet à ſes Sujets deſdites Provinces de les faire ſortir pendant un an, à commencer du premier Janvier 1672, *en payant la moitié des droits* portés par le tarif du du mois de Septembre 1664.

Arrêt du Conſeil du 10 Mai 1672, qui permet à tous les Sujets des Provinces de ſon Royaume de continuer le commerce des bleds, fromens, méteils, ſeigles & autres grains, nonobſtant l'Arrêt du Parlement de Provence que Sa Majeſté a caſſé & annullé.

Arrêt du Conſeil du 26 Octobre 1672, qui permet de faire ſortir les bleds, &c. *en payant la moitié des droits* portés par le tarif du mois de Septembre 1664 juſqu'au dernier Décembre 1673.

Arrêt du Conſeil du 6 Novembre 1672, en faveur des Provinces de Picardie & de Champagne, Villes conquiſes ou cédées à Sa Majeſté dans les Pays

Bas, *pour réduire au quart des droits* portés par le tarif du mois de Septembre 1664, ceux de sortie sur les bleds, &c., qui seront transportés aux Villes conquises ou cédées à Sa Majesté dans les Provinces des Pays-Bas, jusqu'au dernier Décembre 1673.

Arrêt du Conseil du 25 Avril 1673, *qui décharge de tous droits*, jusqu'à ce qu'autrement en soit ordonné, les bleds, &c. qui sortiront par les Provinces des cinq grosses Fermes pour l'Etranger.

Arrêt du Conseil du 19 Avril 1674, qui *soumet aux droits du tarif* arrêté au Conseil, les bleds, fromens, méteils & seigles, qui sortiront par les Provinces des cinq grosses Fermes, pour être tranſportés hors du Royaume.

Arrêt du Conſeil du 6 Juillet 1675 ; il me manque, mais le ſuivant apprend qu'il défend à toutes ſortes de perſonnes de tranſporter hors du Royaume aucuns bleds, fromens, méteils, ſeigles, orges & avoines, pour maintenir l'abondance dans le Royaume.

Arrêt du Conſeil du dernier Décembre 1675, qui permet de faire ſortir les bleds, &c. comme avant ledit Arrêt du 6 Juillet précédent, l'abondance étant beaucoup augmentée par la récolte conſidérable qui s'eſt faite.

Arrêt du Conſeil du 11 Avril 1676, qui défend le tranſport des bleds, fromens, méteils & ſeigles hors du Royaume, par les Frontières des Provinces de Picardie, Soiſſonnois, Champagne & Pays conquis, pour maintenir l'abondance dans leſdites Provinces, & le bon prix deſdits grains *pour la ſubſiſtance des Troupes*. Quand on ſe rappelle l'état de l'Europe dans cette année, & que Louis XIV avoit quatre armées ſur pied, on ſent qu'il étoit naturel de pourvoir à de ſi grands beſoins avant que de faire part de l'abondance aux Etrangers; mais ces mêmes Provinces s'étant trouvées l'année ſuivante ſurchargées par la richeſſe des récoltes, malgré la conſommation des Troupes, M. Colbert ouvrit bien vîte aux grains une autre route.

Arrêt du Conſeil du 6 Juillet 1677, qui permet le tranſport des bleds & autres grains hors du Royaume par les Bureaux des cinq grosses Fermes établis depuis Péronne jusqu'à Calais, *en payant les droits* du tarif de 1664.

Arrêt du Conseil du 11 Septembre 1677, qui défend de transporter ni faire sortir hors du Royaume aucuns bleds, fromens, méteils & seigles par les Provinces maritimes, parce que les Etrangers en ont fait des achats considérables dans le Royaume, *pour transporter aux ennemis dont les bleds ont été gâtés*. Cet Arrêt est un pur effet de la politique, qui vouloit avec raison priver les armées ennemies d'une subsistance qu'elles ne pouvoient tirer d'ailleurs qu'avec de grandes difficultés, puisque la France étoit alors presque l'unique magazin de l'Europe pour les bleds.

Arrêt du Conseil du 6 Octobre 1677 ; il me manque ; mais par celui du 27 Mai 1678, on voit qu'il étoit prohibitif.

Arrêt du Conseil du 30 Octobre 1677, qui défend de transporter hors du Royaume aucuns bleds, fromens, méteils, seigles, orges, avoines, bailliarges, & généralement tous autres grains, non seulement par les Provinces maritimes, mais par les Provinces du Royaume, parce que, sous prétexte que les Arrêts précédens ne portent point défenses expresses de laisser sortir les orges, bailliarges & autres grains généralement, plusieurs Marchands & Négocians, sous prétexte de tranſporter hors du Royaume des orges & autres grains par la Province de Guienne, font auſſi ſortir des bleds. Cet Arrêt paroît être une ſuite des vues qui ont occaſionné celui du 11 Septembre précédent.

Arrêt du Conſeil du 14 Mai 1678, qui permet de faire ſortir par la Province du Languedoc, Ports & Frontières d'icelle, les bleds, fromens, méteils, ſeigles & autres grains, *en payant les droits* ordinaires & accoutumés, parce que les défenſes portées par les Arrêts précédens ont produit un bon effet; que le prix des grains n'a point été auſſi conſidérablement augmenté, que la diſette des Etats voiſins le devoit faire craindre, & que dans la Province du Languedoc, il y en a une quantité suffisante pour maintenir l'abondance, & pour en permettre le commerce aux Habitans, *pour leur donner* d'autant plus facilement *les moyens de payer* les charges de la Province; on étoit alors assuré d'une prochaine signature de paix à Nimègue, où elle fut effectivement consommée le 10 Août suivant avec les Hollandois, le 17 Septembre avec l'Espagne, l'Empereur & l'Empire, à la réserve de l'Electeur de Brandebourg & de quelques autres Princes. M. Colbert saisissant les circonstances, se livre tout entier à son génie commerçant, auquel toutes prohibitions étoient pénibles dès qu'elles ne lui paroissoient plus utiles au bien général des affaires. Cet Arrêt fut promptement ſuivi de deux autres, dont le ſecond ouvroit toutes les barrières du Royaume.

Arrêt du Conſeil du 27 Mai 1678, portant révocation, en faveur de la Provence, des Arrêts des 11 Septembre & 6 Octobre 1677, parce qu'il n'y a plus préſentement aucune raiſon d'empêcher la ſortie des bleds & autres grains, déja accordée à la Province du Languedoc.

Arrêt du Conſeil du 4 Juin 1678. Sa Majeſté, informée que les défenſes portées par les Arrêts des 11 Septembre & 6 Octobre 1677, ont produit un bon effet, enſorte que le prix des grains n'a pas beaucoup augmenté, même qu'il y en a une quantité suffisante pour maintenir l'abondance dans le Royaume, & pour en permettre le commerce avec les Etrangers ; à quoi, &c. a permis & permet *à toutes personnes* de transporter & faire sortir les bleds, fromens, méteils, seigles & autres grains *par tous les Ports & Provinces* du Royaume, *en payant les droits* ordinaires & accoutumés.

Arrêt du Conseil du 23 Juillet 1678 ; il me manque. Le suivant nous apprend qu'il est prohibitif, en même-tems qu'il n'a pas subsisté longtems ; quelque intempérie qui faisoit craindre une mauvaise récolte, en a sans doute été l'occasion. Si l'on veut bien faire attention que dans ce temps là la France étoit le ſeul magaſin de l'Europe, que l'Angleterre ne fourniſſoit pas encore à ſa propre conſommation; que le Nord moins connu qu'il ne l'eſt aujourd'hui, ne produiſoit pas la même quantité de bled qui en ſort tous les ans; on conviendra que rien n'étoit plus ſage que ces précautions prohibitives paſſageres, & qu'elles étoient indiſpenſables pour maintenir l'abondance dans le Royaume; elles ſeroient déplacées aujourd'hui que la culture & le commerce du bled ſont plus étendus que jamais; auſſi déſiroit-on généralement la liberté indéfinie du commerce de bled; mais le Miniſtre éclairé à qui le Roi a confié le timon des Finances, a ſurpaſſé les vœux de la Patrie par l'Arrêt du Conseil du 26 Mars 1763, & la Déclaration du 25 Mai ſuivant.

Arrêt du Conſeil du 7 Janvier 1679, en faveur des Provinces de Picardie & de Champagne, portant révocation du précédent, en permettant la libre ſortie des bleds & autres grains.

Arrêt du Conſeil du 16 Mai 1679, il me manque; le ſuivant nous dit qu'il eſt prohibitif, & qu'on peut lui appliquer les réflexions que l'on vient de lire ſur celui du 23 Juillet 1678.

Arrêt du Conſeil du premier Juin 1680, portant révocation du précédent, & permet la ſortie *de tous les grains par terre & par mer en payant les droits* accoutumés; Sa Majeſté étant informée que les bleds ſont très-beaux, & qu'il y a apparence d'une récolte abondante, dont elle veut que les Etrangers puiſſent profiter.

Arrêt du Conſeil du 24 Juin 1681, portant révocation du précédent, parce que Sa Majeſté veut maintenir l'abondance dans le Royaume; le ſuivant nous apprend que les reflexions que nous venons de faire peuvent s'adapter à celui-ci.

Arrêt du Conſeil du 7 Août 1683, portant révocation générale & abſolue du précédent; Sa Majeſté étant informée de l'abondance de la récolte dans toutes les Provinces de ſon Royaume, permet *à toutes perſonnes* de faire ſortir & tranſporter hors du Royaume, *toutes ſortes de bleds &*

autres grains , tant par terre que par mer , en payant les droits ordinaires & accoutumés. Cet Arrêt fut la dernière opération de M. Colbert ſur le commerce des grains. Ce grand Miniſtre fut enlevé à la France le 6 Septembre 1683.

Vous ne me reprocherez point, Monſieur , l'ennuyeuſe compilation que je viens de vous préſenter ; cherchant à faire preuve, j'ai dû produire les pièces.

Le miniſtère de M. Colbert a duré 22 ans , pendant leſquels il n'a fait donner qu'un Edit qui eſt favorable à l'Agriculture. Si ſept ans huit mois de lacune dans les Arrêts du Conſeil ne permettent pas de prononcer abſolument ſur les deux époques qu'elles forment, quinze mois ſeulement de prohibition ſoutenue ſur la fin d'une guerre très-animée, dont la mort de M. de Turenne avoit fort dérangé les opérations, peuvent ſervir à prouver que cette prohibition fut plutôt l'effet d'une politique qui cherchoit à gêner l'ennemi dans ſes ſubſiſtances, que le principe fondamental du ſyſtême de M. Colbert ſur le commerce des grains, ſurtout lorſque dans tout le reſte de ſon adminiſtration, qui forme une époque de plus de 13 ans, on ne trouve que quatre Arrêts prohibitifs, qui, dans le fait ſont moins des prohibitions que des précautions dictées par une prévoyance néceſſaire, la France étant alors le magaſin à bled de l'Europe, puiſque ces Arrêts ont toujours été abrogés à l'inſtant où l'on s'eſt vû aſſuré d'une bonne récolte. Ces idées, Monſieur, acquierent la plus grande vraiſemblance, lorſque, ſous cette même époque, on voit, pour permettre la ſortie des bleds, huit Arrêts en payant *les droits entiers*, quatre en payant *la moitié*, un en payant *le quart*, & huit pour les ſortir *ſans payer aucuns droits*, en obſervant que, quelle qu'ait été la police ſur ce commerce, *la communication de Province à autre a toujours été libre.*

Ces faits, Monſieur, ne peuvent être révoqués en doute, &, ce me ſemble, prouvent aſſez bien que M. Colbert n'a jamais penſé que *l'interdiction abſolue de la liberté du commerce des grains pût être utile aux Manufactures*, qu'elle n'a jamais entré dans ses combinaisons, qu'elle n'a jamais fait partie de sa politique, que c'est une erreur populaire de le croire, puisqu'au contraire ce grand homme a toujours beaucoup plus favorisé que gêné la liberté sur cet objet, & qu'il paroît avoir été très-convaincu que l'Agriculture encouragée est l'ame de la puissance, la source de la richesse, & le germe de toute bonne opération de l'Etat.

Ne conviendrez-vous pas, Monsieur, que si j'avois été assez heureux pour rendre complettes les recherches dont la matière est susceptible, j'aurois, suivant toute apparence, mis cette vérité dans le jour le plus éclatant ; puiſque toutes bornées que ſont celles que j'ai faites, j'en préſente aſſez pour mettre quelque Citoyen, plus heureux & plus habile que moi, en état de rendre à M. Colbert toute la juſtice qui lui eſt dûe, en écartant les ſoupçons qui peuvent encore ſubſiſter ſur ce point important de notre Hiſtoire.

Je ne prétends point entreprendre, ni même ébaucher l'hiſtoire de l'interdiction ; mais vous ne trouverez pas déplacé que je faſſe obſerver ici que la première prohibition de liberté enregiſtrée ſous Louis XIV, ſe trouve dans l'Ordonnance de 1687, & s'étend ſur bien d'autres choſes que les bleds & autres grains : *Nous défendons* (Titre huitiéme Art. VI.) *la sortie hors de notre Royaume des grains & légumes de toutes espèces, & des laines, chanvres & lins du crû de notre Royaume, à peine de confiscation & de cinq cens livres d'amende.*

Je supprime toutes les réflexions que fait naître cet article; mais ne seroit-il point cause du besoin que nous avons des chanvres du Nord, & du peu de perfection où sont encore nos laines? Revenons aux grains.

Malgré cette Ordonnance, leur circulation de Province à Province a toujours été libre jusqu'à la Déclaration du dernier Août 1699, qui enjoint *à tous ceux qui voudront faire le trafic & marchandise des grains, d'en faire leurs déclarations devant les Officiers des Justices, & de prendre leurs permissions, avec défenses à tous autres d'en faire le commerce.* Ces mots ne laisserent point douter qu'il ne fallût des permissions pour la communication de Province à Province : elles furent demandées, & devinrent bientôt un monopole affreux, qui prit une nouvelle vigueur dans la Déclaration du 19 Avril 1723, qui *défend de vendre ou acheter des grains ailleurs que sur les Ports, Halles & marchés, avec défenses d'y porter des montres pour vendre ou acheter sur le tas, dans les greniers, granges, maisons ou magasins des Particuliers, sous peine de confiscation & de mille livres d'amende.* L'Arrêt du Conseil du

17 Septembre 1754, a été l'annonce de ces opérations vraiment ſages & politiques, que conſomme de jour en jour M. Bertin, plus aſſuré de l'immortalité & de la reconnoiſſance des Peuples par l'Arrêt du Conſeil du 26 Mars 1763, & la Déclaration du 25 Mai ſuivant, & l'établiſſement des Sociétés d'Agriculture, que M. Colbert par les Manufactures de Lyon, celles d'Abbeville & le Canal de Languedoc. (*a*)

Après avoir rempli, autant que je l'ai pû, la tâche que je m'étois impoſée, me ſera-t-il permis de hazarder quelques réflexions ſur un autre reproche que l'on fait encore à M. Colbert? » Sous ſon » adminiſtration, dit-on géné-

» ralement, les Financiers étoient
» considérés , honorés & puis-
» sans. Quelques - uns ajoutent
» que c'est lui qui a introduit le
» systême des Finances qui dé-
» range continuellement & dé-
» truit même notre commerce. «
Ce dernier reproche ne me paroît pas fondé. Quant au premier,
ne se pourroit-il pas faire que la
force & la nécessité des circonstances eussent entraîné M. Colbert ? Ne doutons pas qu'il ne
sentît toute la bonté du systême
de M. de Sully, sans doute aban-
donné trop tôt ; mais il sentoit
encore mieux la différence des
deux positions, & que ce systême
purement agricole, bon dans un
tems , étoit ruineux dans un
autre.

M. de Sully, pendant quinze ans d'adminiſtration, ne vit qu'une guerre contre le Duc de Savoye qui ne dura pas plus d'une campagne. Sur les 22 années du miniſtère de M. Colbert, on trouve près de dix-huit ans de guerre, & les fraix militaires bien plus conſidérables que du temps de M. de Sully. M. Colbert d'ailleurs travailloit ſous un Roi abſolu, qui faiſoit conſiſter une grande partie de la gloire dans la célérité ſurprenante des opérations en tout genre, dans leſquelles il vouloit encore que ſon goût pour la magnificence & la ſplendeur éclatât au plus haut dégré. Dans une pareille poſition eſt-il aiſé, diſons plus, eſt-il prudent de faire dans le ſyſtême des Finances des changemens qu'on ſait amener néceſſairement pour un tems la difficulté des reſſources & la ſuſpenſion du crédit ? M. Colbert dut donc ſuivre le ſyſtême qu'il trouva établi, & ſi je ne me trompe, dès l'inſtant où M. de Sully ſortit de place en 1610. Il faut convenir encore que relativement aux circonſtances, il ne dut faire d'autre opération de Finances, que de tirer tout le parti poſſible de ce ſyſtême, quelque vicieux qu'il lui parût, parce que ſa poſition & le goût de ſon Maître exigeoient continuellement des reſſources aiſées, promptes & conſidérables : de telles reſſources, quoiqu'elles ſoient à la longue très-ruineuſes, ſe trouvent ſupérieurement dans le ſyſtême

des

des Financiers: ils dûrent donc être considérés & honorés (*b*) sous son administration, sans qu'on puisse lui en faire un crime. S'il eût été sûr de quinze années de paix, s'il eût travaillé sous un Maître qui eût eu l'admirable patience de Henri IV, ses égards d'ami pour les représentations de son Ministre; alors pouvant mettre en œuvre la sage circonspection de M. de Sully dont il avoit toute la fermeté, il eût suivi son penchant à favoriser encore plus le commerce, & ne nous eût pas laissé un système de Finances, dont les vices ont été accumulés de nos jours à ce point qui donne tant de travail & de peines au Ministère actuel. De pareilles réflexions ont sans doute frappé

M. Thomas quand il a dit avec tant de vérité : *On jugera que Sully dût quelque chose de sa gloire à Henri IV, & que Louis XIV dût une grande partie de la sienne à Colbert* ; leçon sublime pour les Rois.

Quelque soit le sort de cette Lettre, Monsieur, elle me paroît au moins propre à montrer combien, en fait d'Histoire, on doit se méfier des traditions populaires.

Je suis avec un sincere attachement,

MONSIEUR,

Votre très-humble & très-obéissant serviteur.
D'EPRÉMESNIL.

NOTES.

PAge 45 (*a*). J'ai trop fait connoître mes principes pour qu'on puisse me soupçonner ici d'une adulation arrachée par les circonstances du jour. L'Agriculture doit avoir le premier pas sur le Commerce & les Manufactures dans l'estime des hommes ; cela n'est pas douteux. Il me paroît que M. Colbert en étoit persuadé, & qu'il a fait, en faveur de l'Agriculture, tout ce que la position dans laquelle il se trouvoit, lui a permis de faire. Mais pourquoi, demande-t-on, n'a-t-il point rendu au Commerce des grains la liberté illimitée dont il a joui avant Charles VI, sous François I & sous Henri IV ? Cette objection doit se présenter naturellement à tous les esprits, & probablement elle est l'unique cause du préjugé que l'on combat ici. Mais jettons un coup d'œil ſur les conjonctures générales ; peut-être trouverons-nous que le ſyſtême de M. Colbert étoit auſſi ſçavant & auſſi bien raiſonné que celui de M. de Sully.

M. de Sully prit les rênes du Miniſtère dans un temps où le germe des troubles qu'avoit occaſionnés une longue ſuite de guerres civiles, n'étoit pas entiérement étouffé. L'autorité du Roi étoit encore mal affermie ; le déſordre régnoit dans toutes les parties du Gouvernement. Les guerres civiles avoient fait abandonner la culture des terres dans la plus grande partie du Royaume. Toutes les Manufactures ſe bornoient à quelques Fabriques fort groſſières de draps, de bonneterie, de quincaillerie & de toile, qui ne ſuffiſoient pas à la conſommation intérieure. Il n'y avoit point d'argent dans l'Etat, point de circulation, point de crédit, & les guerres civiles avoient dépeuplé les campagnes. Le commerce de l'Europe ne consistoit guères alors que dans l'exportation & réexportation des marchandises de l'Inde, dont le magasin, encore dans toute sa splendeur chez les Portugais, étoit bien près de passer entre les mains des Hollandois. L'Amérique avoit donné à l'Espagne des trésors immenses dont la plus grande partie avoit resté dans son sein, parce qu'alors les plus belles Manufactures de laines & de lin étoient dans les Pays-bas qui lui appartenoient, & faisoient la base de ses exportations à l'Amérique. Mais l'agriculture de sa Métropole périssoit, & ne pouvoit plus nourrir les habitans qui ne vouloient pas s'expatrier. La culture de l'Angleterre étoit peu de chose. La Hollande n'avoit point de terre qu'elle pût cultiver, & n'étoit peut-être pas encore bien assurée de son indépendance. Le Portugal n'en avoit presque point qui fussent propres au bled. Celles de l'Almagne, dont les forêts étoient plus étendues qu'aujourd'hui, ne suffisoient pas pour ses nombreux Habitans ; le Nord étoit presque nul pour le reste de l'Europe.

M. de Sully, du coup d'œil de l'aigle, apperçut cette position générale, & toutes les conséquences qu'elle entraînoit. Il vit l'Espagne, le Portugal, l'Allemagne, la Hollande, l'Angleterre manquant de bled. Il conçut que la France pouvoit se nourrir & en fournir tous ses voisins, que c'étoit le moyen le plus assuré d'attirer les richesses en France, & de lui rendre une force & une splendeur qu'elle ne connoissoit plus depuis long temps. Mais il falloit encore faire rester ces richesses dans le Royaume, sans quoi les maux qu'il vouloit guérir n'auroient été que palliés : il en saisit les moyens en homme de génie ; il établit un systême purement agricole, le suivit avec fermeté en écartant, autant qu'il étoit en lui, tous les besoins qui pouvoient tenir du luxe. Ce systême réussit parce qu'il étoit dans le vrai, & le seul qu'on pût adapter aux circonstances.

Rendons au génie sublime & bienfaisant de M. de Sully toute la justice qu'il mérite. Si ce grand homme crut, comme il le devoit, que son systême purement agricole étoit le seul qui fût convenable aux circonstances du temps, il étoit bien éloigné de croire que la France peut se suffire à elle-même, & n'a besoin ni de commerce ni de ses voisins; car s'il eût admis une pareille hypothèse, que seroient devenus les bleds & tout son systême d'Agriculture? Il ne pensoit pas qu'on pût appliquer, indistinctement à toutes les circonstances, que le bien du Commerce n'exige jamais la guerre. Ce n'est pas de nos jours qu'il auroit cru qu'un grand Etat tel que la France peut avoir trop de commerce; sur-tout lorsqu'il n'en a jamais fait le quart de ce qu'il en auroit dû faire; il eût proscrit toutes ces maximes, qui, dans la poſition actuelle de l'Europe, feroient bientôt de la France un pays ſemblable à la terre des Patagons. Dans les circonſtances où étoit M. Colbert, encore moins en 1763, M. Sully n'auroit jamais penſé, comme on le fait aſſez généralement aujourd'hui, que le *ſyſtême des Manufactures pouſſé trop loin*, étoit une cauſe de deſtruction; ce grand Miniſtre n'attribueroit pas à la cauſe la plus efficiente des richeſſes, tous les maux que nous avons éprouvés juſqu'à préſent, dont un Miniſtre citoyen eſt ſur le point de nous délivrer, en eſſuyant & bravant, comme M. Colbert, les murmures de la multitude.

Il n'eſt pas ici queſtion d'approfondir les choſes; contentons-nous d'examiner l'adminiſtration de M. Colbert auſſi rapidement que nous avons fait celle de M. de Sully. L'on ſe convaincra que dans les temps de M. Colbert, M. de Sully eût opéré comme lui, &

qu'en 1595 M. Colbert eût suivi la même route que M. de Sully ; puisque tous deux avoient l'esprit juste, tous deux ont saisi la vérité, & ont adapté aux circonstances où ils se trouvoient, les véritables systêmes qui y convenoient.

Sous M. Colbert, le Nord s'étoit ouvert pour l'Europe, & lui fournissoit déja beaucoup de bled par les Hollandois. L'Allemagne avoit défriché beaucoup de forêts. L'Angleterre avoit donné ce fameux acte de navigation, & faisoit déja des efforts pour se passer des bleds de la France. Ces seules considérations disoient assez qu'un systême purement agricole ne suffisoit plus à la France. M. Colbert considéroit encore que le Portugal, augmentant ses vignobles, ne recevroit les bleds que de ceux qui prendroient ses vins : s'il crut alors que ce commerce ne pouvoit convenir à la France, parce qu'elle avoit beaucoup de vins à exporter, il se trompa ſans doute ; il ne vit pas que la France pouvoit, en exportant ſes vins, réexporter ceux de Portugal , dont l'acquiſition lui eût procuré un débouché conſidérable de denrées nationales ; il pécha contre la maxime fondamentale , qui NE FAIT PAS TOUT LE COMMERCE QU'IL PEUT FAIRE , S'EXPOSE A PERDRE TOUT SON COMMERCE. Mais il en faut convenir , il étoit bien difficile de tout tenter à la fois. Notre navigation n'étoit preſque rien , & le Bréſil ne préſentoit pas encore les objets qui ont engagé l'Angleterre à ſe procurer l'excluſif de ce commerce par ſon traité avec le Portugal du 27 Décembre 1703 , qui fait nommer avec enthouſiaſme *Joh Methuen*, qui l'a ſigné au nom de la Reine Anne , comme le plus grand bienfaiteur de la Nation. M. Colbert auroit au moins traverſé ce traité. Peut-on en douter lorſqu'on jouit encore de tous les biens qu'a amenés le réſultat de ſes conſidérations ſur le reſte de l'Europe.

M. Colbert voyoit le peu de Manufactures nationales que l'Eſpagne avoit poſſédées, anéanti : celles des Pays-Bas ou ne lui appartenoient plus, ou étoient paſſées chez les Anglois. Les beſoins d'exportation pour l'Amérique Eſpagnole augmentoient journellement ; le luxe s'introduiſoit dans les Etats les plus bornés par les marchandiſes de l'Inde, que les Hollandois répandoient dans toute l'Europe, en attirant chez eux la ſubſtance des autres Peuples. Enfin il péſoit déja avec juſteſſe tout le poids que la Hollande & l'Angleterre pouvoient acquérir par l'induſtrie, le commerce & la navigation, & jugeoit ſainement que la France pouvoit ſeule y ſervir de contrepoids.

Il faut convenir que dans une pareille poſition le ſyſtême de M. de Sully étoit inſuffiſant pour procurer à la France les reſſources dont elle avoit beſoin. Elle perdoit le débouché de ſes bleds en Angleterre. L'augmentation de la culture en l'Allemagne, l'ouverture du commerce du Nord par les Hollandois, diminuoient néceſſairement ſes exportations de grains, & la conſommation de l'Eſpagne, où d'ailleurs on devoit s'attendre à la concurrence des Anglois & des Hollandois, n'étoit pas capable de procurer une richeſſe aſſez ſenſible pour renouveller les travaux de l'Agriculture, & pourvoir à tous les autres beſoins de l'Etat. Il falloit donc trouver d'autres expédiens qu'un ſyſtême purement agricole, pour ſubvenir à ces beſoins pour le préſent & pour l'avenir.

M. Colbert s'arrêta aux plus ſûrs. Il laiſſa au commerce des grains toute la liberté & l'encouragement que les circonſtances purent permettre. Mais en même-temps il conçut que vouloir réſiſter à l'empire du luxe, étoit le moyen le plus ſûr de l'anéantir ; loin de réſiſter à un torrent qui ne fait jamais plus de ravages que quand il rencontre des digues, il réſolut d'en fixer la ſource en France pour la faire aller, par différentes branches, mettre à contribution, en notre faveur, toutes les terres des Etrangers. Les Sciences & les Sçavans furent honorés & récompenſés; les Induſtries, les Arts, les Manufactures de toutes les ſortes furent animés; les Gobelins encouragés, les Fabriques de Lyon furent créées; Vanrobais fut appellé à Abbeville; & la France fut pendant long-temps preſque ſeule à faire les fonds des riches cargaiſons pour l'Amérique Eſpagnole, dont les retours lui ont procuré tant de richeſſes & de ſi heureuſes reſſources. Il fut le créateur de cette Marine puiſſante, qui en impoſa à l'Eſpagne, à la Hollande & à l'Angleterre, qui ſubſiſteroit encore, ſi le génie de M. Colbert eût toujours été du Conſeil de la France. Enfin il établit une Compagnie des Indes Orientales, pour diſpenſer la France de porter ſon argent en Angleterre & en Hollande; une Compagnie du Magellan, pour gagner autant qu'il se pourroit les commissions & le frêt qu'il falloit payer à l'Espagne sur le commerce de l'Amérique; une Compagnie du Sénégal; fit des traités pour fournir de Négres les Colonies Françoises de l'Amérique. Si ces établissemens, malgré les admirables constitutions que leur donna M. Colbert, ont fait si peu de progrès jusqu'à nos jours, c'est que depuis sa mort notre Agriculture & notre commerce, toujours accablés par le monopole, l'usure, les formalités, les faux principes, les fausses conséquences tirées des axiomes mêmes, n'ont jamais pû se procurer l'aliment nécessaire pour prendre des forces, & oser tenter toute l'étendue de la carrière qu'ils auroient dû naturellement s'ouvrir. Cela ne peut rien ôter à la justesse des combinaisons de M. Colbert, qui ne demandoient qu'à être suivies pour donner les plus heureux résultats. Tout ce qui s'est passé dans les quatre parties du monde, depuis sa mort jusqu'à présent, est une preuve sans réplique que ce génie sublime avoit sçu prévoir l'avenir le plus éloigné.

Cette exposition du systême de M. de Colbert en exigeroit le développement, qui feroit voir la correspondance & le rapport admirables de toutes les parties entre elles. Mais cela méneroit trop loin, & cette Note, déja très-longue, paroît d'ailleurs suffisante pour convaincre que ce grand Ministre a toujours été bien éloigné *de suivre une fausse route*, & que bien loin de lui faire un crime d'avoir *poussé trop loin le systême des Manufactures au détriment de la France*, * on doit au con-

* J'avoue que je n'entends pas bien ce qu'on veut dire par *systême de Manufactures poussé trop loin*. Entend-on par-là des Manufactures trop multipliées dans chaque genre, trop de genres différens de Manufactures protégés, des Manufactures d'une consommation trop étendue; enfin entend on des Manufactures, qui, employant trop de bras, en enlévent à l'agri-

traire gémir de ce qu'après lui ſon ſyſtême n'ait pas été ſuivi avec toute l'attention qu'il méritoit, puiſque l'état actuel de l'Europe démontre avec évidence que c'étoit le ſeul qu'il pût & qu'il dût ſuivre, pour porter la France au plus haut dégré de puiſſance, de ſplendeur, comme il le déſiroit.

Page 49. (*b*) On ne me ſoupçonnera pas d'être enthouſiaſte du ſyſtême de

culture ? S'il faut s'arrêter à ce dernier grief, la réponſe eſt ſimple. Qu'on jette un coup d'œil ſur l'Angleterre & la Hollande, où les Manufactures de vaiſſeaux & de tous autres genres, bien autrement multipliées qu'ailleurs, employent un nombre innombrable de bras; y manque-t-on de pain ? Non aſſurément, & la raiſon de cela en eſt la cauſe elle-même. C'eſt que dans ces deux Etats le commerce bien entendu eſt toujours protégé, ne ſe borne pas à de chétives commiſſions comme en France, & que la prodigieuſe étendue de travail qu'il exige, entretenant une population nombreuſe, on trouve toujours les bras néceſſaires pour faire croître en Angleterre plus de bled qu'il n'en faut, & pour le faire accourir de tous les coins de l'Europe dans tous les Ports de Hollande. Combinez toutes les opérations de M. Colbert, vous verrez que c'eſt le cas où il vouloit mettre la France.

finances dont on ſe plaint généralement. Malgré cela, je penſe qu'on doit être juſte. J'ai ſouvent entendu faire un crime à M. Colbert de ce que *les Financiers étoient conſidérés & honorés* de ſon temps : j'ai toujours demandé vainement une explication raiſonnable de ce que l'on entendoit imputer à M. Colbert. Prétendroit-on que M. Colbert dût mépriſer les Financiers indiſtinctement par la ſeule raiſon qu'ils étoient Financiers ? Cela ſeroit abſurde, & d'autant plus abſurde, que forcé par les circonſtances d'adopter le ſyſtême de Finance qu'il avoit trouvé établi, il avoit beſoin d'eux. D'ailleurs, eſt-il impoſſible de remplir l'état de Financier avec honneur & probité? Tous les honnête gens, quelle que ſoit leur profeſſion, ne méritent ils pas la conſidération & l'eſtime univerſelle, indépendamment même des talens ſupérieurs relatifs à leur travail qui peuvent les diſtinguer de la foule ? Car il en faut dans l'état de Financier comme dans tout autre état, & peut-être de moins communs encore. Placés continuellement entre les intérêts du Roi & ceux du Peuple, quelle justesse de tact, quelle étendue de coups d'œil ne faut-il pas dans une pareille carrière pour toucher précisément le but ?

On entend tous les jours, sur-tout depuis un certain temps, renouveller avec une sorte d'acharnement, les mêmes clameurs contre Mrs les Fermiers Généraux. Quelle en peut être la raison ? Est-ce leur faute si le systême des finances est vicieux, & peut-être plus vicieux encore que du temps de M. Colbert ? Est-ce leur faute si les Ministres, qui s'en sont bien apperçus, ne l'ont point encore changé, parce que sages & habiles ils connoissent tout le danger des changemens en fait d'administration ? Enfin, est-ce parce qu'ils sont placés par le choix du Roi à la source des richesses ? Je n'ai rien à répondre à cela ; la baſſe & mépriſable envie ne mérite aucune réfutation. Mais ſuppoſons, puiſque les envieux le veulent abſolument, cette ſource impure. Ne la purifient-ils pas par la façon dont ils y puiſent ? Je ne prétends point juſtifier le fonds du ſyſtéme, encore moins ſes détails ; je ſçais que des ſubalternes, par un zèle inconſidéré, ou par tout autre motif, doivent, par la nature même des choſes, ſe trouver ſouvent dans le cas d'outrepaſſer leurs devoirs, & qu'ils le font quelquefois. A-t-on jamais rejetté les plaintes ? Quand elles ſe ſont trouvées légitimes, Mrs les Fermiers Généraux n'ont-ils pas toujours réparé les fautes de leurs Prépoſés ? A la bonne heure, dit-on, mais l'induſtrie & le commerce en perdent-ils moins des frais conſidérables & un temps plus précieux encore? J'en conviens, & je demande s'il y a du bons ſens à ſe plaindre d'un examen néceſſaire ? Car en ce cas les détracteurs de Mrs les Fermiers Généraux ſont bien injuſtes de leur faire un crime de la juſtice même qu'ils rendent ? Eſt-ce leur faute, en un mot, ſi l'exécution du ſyſtême dont ils ſont chargés, exige des formalités trop gênantes pour l'induſtrie & le commerce? Convenons-en de bonne foi, moins par légéreté de caractère * que

* Cette propoſition pourra paroître ſingulière au premier coup d'œil. Il eſt ſi généralement reçu que la légéreté de notre caractère eſt la principale cauſe de nos maux, & que la légéreté du caractère eſt un vice national incorrigible, qu'il pourroit bien arriver que ma propoſition fût généralement rejettée. Mais avant de juger, je demande une réflexion. Ne confond-on point la gaîté du caractère François avec la légereté ? S'il ne réfléchit pas aſſez ſur les matières de politique & d'économie générale, n'eſt-ce pas plutôt faute d'inſtruction & de principes que faute d'aptitude à ſe fixer ſur des objets ſérieux ? Ce défaut d'inſtruction & de principes ne vient-il pas de ce que les matières de droit public & d'intérêts généraux n'entrent point dans le plan d'éducation qu'on reçoit ? Faites entrer dans l'éducation du François des leçons ſur ces objets, comme on le fait très-communément en Angleterre, les François deviendront des politiques ſavans, profonds & plus ſages qu'ailleurs ; l'univerſalité de la Nation prenant l'habitude de réfléchir, perdra

faute d'habitude à réfléchir ; le François eſt toujours extrême en tout : il s'engoue indiſtinctement du bien comme du mal, pour murmurer enſuite de l'un comme de l'autre avec le même enthouſiaſme, & tout auſſi peu de raiſon. Le célébre ſyſtême de Law eſt une preuve des plus frappantes de cette vérité. Il remédioit à tous les maux dont on ſe plaint depuis ſi long-tems ; il aſſuroit à la France une ſplendeur & une force dont elle ſeule eſt ſuſceptible dans l'univers ; il n'avoit d'autre défaut que d'être préſenté à des enfans qui n'étoient pas encore aſſez formés pour ſuivre une auſſi grande affaire avec ſa-

d'autant plus vîte la réputation de légereté qu'on lui attribue, qu'admirée par ſes connoiſſances, elle ſe fera toujours chérir par ce fonds intariſſable de gaîté & de vertus ſociales qui la caractériſent. La preuve de ce que j'avance ſe trouve dans les progrès rapides que nous avons faits dans toutes les matières qui font partie des inſtructions qu'on nous donne. C'eſt donc *moins par légereté de caractère que faute d'habitude à réfléchir*, *que le François s'engoue* auſſi ſottement *du bien comme du mal.*

geſſe. Ce ſyſtême fut reçu avec emportement, pouſſé & outré par la Nation avec fureur ; cette fureur le fit tomber comme cela devoit être. On jetta les hauts cris contre le ſyſtême & ſon auteur. Aujourd'hui encore, excepté par un très-petit nombre, le ſyſtême de Law eſt généralement anathématiſé, uniquement parce qu'il eſt le ſyſtême de Law.

La chûte de ce ſyſtême exigeoit néceſſairement qu'on en choiſît un autre. Dans la commotion où le délabrement de l'univerſalité des affaires avoit jetté tous les eſprits, non-ſeulement on n'avoit pas le temps de l'examen ni du choix, mais toute nouveauté en ce genre eût paru révoltante. On ne crut pouvoir rien faire de plus ſage que de reprendre l'ancien ſyſtême que le Peuple connoiſſoit, auquel il étoit accoutumé : & l'exemple de 1720 a toujours dû rendre les Miniſtres plus circonſpects que jamais ſur les changemens. Cependant depuis long-temps, & chaque jour on ſe plaint de ce qu'ils ne changent rien ; on ſe plaint que Mrs les Fermiers-Généraux font des profits que chacun des plaignans voudroit peut-être faire lui-même. En vérité eſt-ce être raiſonnable ? De pareilles clameurs ne ſont-elles pas plus conſolantes qu'affligeantes pour nos ſages Miniſtres, & pour Mrs les Fermiers-Généraux, Citoyens eſtimables par leurs talens, leurs connoiſſances & leurs ſentimens, qui les porteroient tous à ſacrifier leurs fortunes, s'il le falloit, pour le ſalut de l'Etat & la gloire du Roi ?

FIN.

APPROBATION.

J'AI lu par ordre de Monſeigneur le Vice-Chancelier un Manuſcrit intitulé, *Lettre à M***. ſur l'imputation faite à M. Colbert d'avoir interdit la liberté du Commerce des grains*, & j'ai cru que l'impreſſion pouvoit en être permiſe. A Paris, ce 12 Novembre 1763.

TRUBLET.

www.ingramcontent.com/pod-product-compliance
Ingram Content Group UK Ltd.
Pitfield, Milton Keynes, MK11 3LW, UK
UKHW021629260726
13994UKWH00003B/1138